改訂版・初心者のためのライア教則本

— ライアへの道 —

Ein Weg zur Leier

イザラ書房 IZARA

このライア教則本の出版にあたって、

ザーレムライア工房のホルスト・ニーダー氏による提案と多大な援助に心から感謝します。

© 2004　by edition zwischentöne,

Buch-und Musikverlag Gerhard Beilharz Forststr.15, D-73235 Weilheim/Teck

Gestaltung: Michaela Rösler, Notensatz:Hans-Georg Jaffke,

Herstellung: Verlag Ch. Möllmann

www.edition-zwischentoene.de

ISBN 3-937518-02-9

目次

はじめに

聴くことによって　混沌が秩序へ導かれ
心に宿る響きの静けさから動きが生まれる
ユリウス・クニーリム

現在のライアは音楽家のエドムント・プラハト（1898-1974）によってスイスのバーゼル近郊で生み出され、彫刻家のローター・ゲルトナー（1902-1979）との共同作業によって発展してきました。この楽器は長い間、ほとんどアントロポゾフィーに基づく治癒教育の中だけで弾かれてきました。そのため、ライアは今日も教育と音楽療法の分野で主に使われています。時々コンサートでも演奏され、静寂な雰囲気の中で楽しまれています。ライアの特徴である繊細で長い余韻は聴覚を敏感にさせ、聴く人が音のニュアンスを生きいき豊かに聞き分けられるように促します。そのことから、ライアは教育と音楽療法の分野のみならず、演奏を通して音楽のエレメントに近づこうとする人達に大切にされてきました。

ライア演奏のために考え出された、身体の動きを集中して練習するこの教授法は、周りからの刺激によって不安定にさせられ、麻痺させられている私たちの内なる音楽的なものを動かし、閉ざされている音楽への道を開くことができます。

この本の中では、文章にするのが難しいことをあえて書いてみました。できることなら実際に見て学んだり、経験豊かな教師から個別にレッスンを受けたほうがよいでしょう。この本はレッスンの代わりとして使うことはできません。どのようにしてライアと関り、仲良くなっていけばよいかが書かれていて、身近に教師がいなくて、ライアのレッスンを受けられない初心者のための補助を目的としています。可能な限り先生のもとへ足を運んでください。そして、ワークショップ等に参加し、経験豊かな演奏者とも交流し、学んでください。

ここに書かれた練習は、空間の中での自分の動きの認識から始まり、この楽器を弾くときの姿勢や動き、それぞれの音の形づくりかた、そしてメロディの演奏にまで至ります。これを生み出す基礎となるものを与えていただいた私の先生たち、特にエリー・ベルナー氏、故ユリウス・クニーリム氏、そしてアネマリー・ローリング氏に感謝いたします。

この原稿にくまなく目を通し、貴重な提案をよせ、さらには自分の曲を練習曲として提供してくれた同僚たち、それに特に、ザーレムライア工房のホルスト・ニーダー氏に心から感謝いたします。
ニーダー氏の全面的な支援によってこの教則本の出版が可能となりました。

ゲルハルト・バイルハルツ
Gerhard Beilharz

この教則本の日本語訳に関して、原訳をしていただいた真弓・ヴァイラー氏、また、改訂版において校正をしていただいた泉本信子氏、田原眞樹子氏に心から感謝いたします。

ペロル
井手芳弘

練習の際に気をつけること

- なるべく規則的に、でも長時間やりすぎないように、練習しましょう。
- はじめの頃は背筋を伸ばした姿勢を続けるのは大変です。時々力を抜いてリラックスしてください。間違った姿勢と緊張のしすぎに注意してください。
- 上達してからも、練習するときは練習6(はるかかなたから)から練習8(流れる動きから一つの音へ)などの動きの練習から始めてください。
- 22ページと33～35ページの注意事項に注意してください。
- ゆっくりと時間をかけてください。
- ここに書かれている練習曲をいろいろ発展させてください。
- 練習曲の順番にこだわらず、自分に合った順番で練習してください。
- 独学には限界があることを意識し、ときどきライアの先生のレッスンを受けたり、ワークショップなどに参加して学んでください。
- もし、ここに使われている音楽の用語がわからない場合は人に尋ねてください。また楽器店で簡単な一般楽典の本を購入するのも良いでしょう。インターネットで調べることもできます。

楽器を弾く前に

楽器を弾けるようになるためには空間と時間を意識する必要があります。音楽はどこから来るのか？ 外から？ 内から？ 内と外の両方から？ 最初の音が響く前に何が起きるのか？ 音と音の間には何が動いているか？ 音楽的なプロセスはどのように終りを迎えるのか？ 演奏しているとき、自分の身体をどのように感じているのか？ 内と外、上と下、前と後ろ、左と右の間には何が働いているのか？ 自分の奏でる音は、自分の中、自分の周りとどのように関係しているのか？ これらの問いは考えを通してではなく、練習と観察を積み重ねていく中で、次第に明らかになってきます。

さあ、はじめましょう。

空間の中で自分の姿勢をとらえ、ライアを正しく持つための練習

準備：充分な広さの部屋、静寂、軽い靴（オイリュトミーシューズが最適）

　　　練習1は、二人以上のグループの方がやりやすいでしょう。

　　　発見する楽しみと開かれた心があれば、一人でも構いません。

練習1　部屋の中を自由に歩き回る

- 慎重に　↔　勢いよく
- ゆっくりと　↔　速く
- 重さを感じて　↔　軽さを感じて
- 空気、光、熱をどう感じているか？
- 何が自分を支えているのか？
- 動こうとする意欲がわいているか？

- まっすぐに進むことが自分に何を語りかけてくるのか？
- カーブを描いて動くことが自分に何を語りかけてくるのか？
- 聴くことは動きと関係があるのか？
- 後ろへ向かって動くとどうなるか？
- 背中で聴くことができるだろうか？

空気と軽さ

重さを感じながら

練習2　立ったままで

・まず膝を曲げて上半身をかがめます。
・膝に体重をかけてぐったりとした姿勢を取ります。
・だんだんと足から腰を起こします。
・つぎに背筋を伸ばします。
・最後に顔を起こします。

このとき、光の輝きのようにまっすぐ立ち上がる力が自分を貫いて、はるか上方へ出ていくように感じましょう。
腕はまだぶら下がったままにしてください。
（オイリュトミーの＜イ＞の練習）

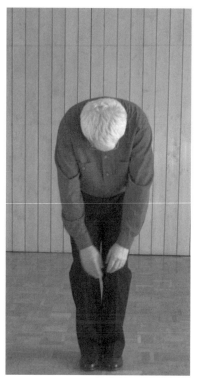

膝と背中を曲げる

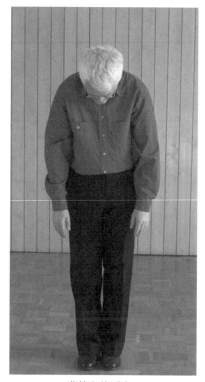

背筋を伸ばす

・重心をゆっくりと後ろに移動させ、体を傾けます。

・その時に、肩甲骨を通して後ろの空間を感じましょう。

・鎖骨を通して解放と広がりを感じましょう。
　（オイリュトミーの＜ア＞の練習）

・次に、重心をゆっくり前に移動させ体を前に傾けます。

・その時に、鎖骨から前の空間を愛情を込めて
　包み込みます。（オイリュトミーの＜オ＞の練習）

・体をもとの姿勢に戻します。

・この動きを繰り返してください。

・今度は足にも注意してみましょう。

・身体をまっすぐに持ち上げる時に、根が
　張っていくような逆の動きが起こります。

・足の裏が温かく感じるかもしれません。

最後に頭を起こす

背後を感じながら

楽器を使った基礎練習

準備：座面がなるべく平らで、足の膝から上（腿）が水平になり、両足が自由に動き、足の裏がしっかり床に着く高さの椅子か腰掛をご用意ください。

（調弦については、58 ページで説明します）

練習3　楽器を感じる

・重さは？ 木の感触は？ ツルツル？ ガサガサ？ 太い弦や細い弦を触った感じは？

・膝の上でのライアはどのように乗っている？

・まず両膝の間に弦側が自分のほうを向くように、ライアを垂直にまっすぐに立ててみましょう。

・次に、右側を少し前に押し出し、左側を手前に寄せ、両膝の上に乗せます。

・右足を前に出してみたり、左足を前に出してみたり、足の位置をいろいろ変えてみましょう。

・ライアはどのように反応しますか？ しっかりと固定することなく、しかし落とさない程度にライアを両手でやさしく包み込んでください。

・足を前後左右に動かすことで、ライアは大きく揺れます。

・次に足の動きを止め（なるべく足を平行にそろえないで）、ライアを両膝の上に両手と腕で垂直に立て、右側を少し先に押し出して、不安定ながらバランスを取ってみましょう。

・右手でライアを押してバランスを崩すと、ライアは左側へ倒れようとします。それを左手で優しく受け止めてください。

・ライアがほとんど水平まで傾くと、左手はどれくらい重さを感じますか？

・再び左手を起こして元に戻し、右手で支えます。じっくりと味わいながら、この動きを繰り返してください。

ライアの重さは？

重さのかかり方は？

左右に傾けてみる

練習4　演奏空間を作る

実際に演奏する前に、ライアの低音弦を自分の方に向け（逆の置き方で試みてもかまいません）、膝の上に水平に寝かせてください。そして自分の中と自分の背後にまっすぐ立ち上がる力を感じてください。外からの力で持ちあげられているように、手と腕を軽く持ち上げます。まだ弦に触れずに、弦の上の静まり返った流れの中で、右手と左手を交互にゆっくりと動かしてください。この動きは、まだとても空気的で、軽さを持っています。

次に重さの領域に沈み込んでいきます。まず薬指が弦に出会います。流れの動きから、弦の響きが生まれます。この動きは水的な表現がやりやすいでしょう。動きは重さと軽さの感覚の間、集中と解放の間、加速と減速の間で行われます。音楽的な形はまず、この流れの動きから生まれます。この時に、後ろの空間を忘れないでください。

常に周りの空間で聴くように心がけましょう。

練習5　ライアの基本的な持ち方

さて、それではライアを実際に演奏する位置に持っていきましょう。

楽器を膝の上に真直ぐに立てます。ライアの向き：左手の肘の内側を両ひざの方に右に寄せ、そして先に持っていきます。

軽さと重さの間の演奏空間

基本的な持ち方

両手をライアのヘッド（ピンのある部分）のところへまで上げます。左の手のひらは木に、右の手のひらはピンに乗せます。右手の指先と左手の指先を触れさせて、指でアーチを作ります。この状態で小さな指遊び（「この指パパ」など）を時々練習してみてください。

次に、重さを感じながら、両手を下へ滑り下ろしてください。この時に軽く曲げた指の形を崩さないようにしましょう。指先は弦に触れながら下ろしてください。

手は腕の延長として伸ばし、手首を曲げないようにしてください。リラックスを心がけましょう。左の手のひらがライアの共鳴胴のところまで来たら両手が落ち着きます。この時、小指の付け根が共鳴胴の上で自由に動けるようにしておいてください。

右手は左手のほぼ対称の位置にもってきてください。ライアをこのように持つと、自然と右手は左手よりほんの少し下に来るでしょう。右の手のひらは楽器に触れないようにし、指先だけを弦に触れさせてください。親指は空に浮かせてください。

この時も背中と周囲の空間に意識を向けてください。

指遊び　　　　　　　下へ降りていく　　　　　　基本姿勢に至る

練習6　はるかかなたから

左手は先ほどの位置のままにしてください。右腕をワシの翼のように広げて指先からさらに周りの空間にまで意識を広げてください。指は力を抜いて軽く開いてください。

腕は弦のずっと先のほうから大きな弧を描きながら動かし始めます。指先で、まず空気を感じ、支柱の木を感じ、弦の金属を感じ取ります。おもに薬指で、この動きを弦全体へと延長していきます。最高音を弾いた後も指はさらに木の部分を通り抜けるように動きます。

そしてまた新たにこの動きを最初から繰り返します。

まず薬指で始めるのは、開いた手のひらをリラックスさせ易いからです。

それぞれの指で同じように練習してください。親指を使って高音から低音方向へ弾いてみてもいいでしょう。

上半身を演奏に合わせて動かすことは演奏の助けになります。

低音から高音に向かって演奏する中で（外から内への動きでもあります）、あたかも音の響きの湯船に身を浸すように、後ろへ身をまかせてください。この練習に限らず、周りの空間、特に後ろの空間を聴きながらつかむことで、演奏に必要な広がりをもたらすことができるようになります。

次に、同じように流れる動きを使って左手で全ての弦を鳴ら

遠くから

手を交互に使って

しましょう。このときも、大きく弧を描いて、まず空中から木を通り弦に落ち込んでいく感じです。ここでもまず薬指から始め、それぞれほかの指も練習してください。最初は右手で楽器（支えの部分）を掴むとうまくいくでしょう。

ある程度この動きに慣れてきたら、右手と左手とを交互に使って演奏しましょう。手を替える際に注意してください。もはや楽器を握りしめることはできなくなります。

練習7　流れる動きを作る

全ての弦を奏でるこれまでの動きが終わったら、手をより自由に動かしながら、弦の　部を弾いてみましょう。

左側から見た手の動き

＜徐々に速く―徐々にゆっくり＞＜クレシェンド（徐々に強く）― デクレシェンド（徐々に弱く）＞、＜手を速く、もしくはゆっくりと交替させる＞、＜大きな手の動き、もしくは小さな手の動き＞など。

この動きを、明るい音域、暗い音域、中間の音域、などいろんな音域で楽しんでください。

練習8　流れる動きから一つの音へ

一つひとつの音は、練習6と練習7で練習した、弦の上をなでるように弾く動き（グリサンド）を遅くすることから生まれてきます。指は弦を軽く押しながら、あたかも弦の間を落ちていくように次の弦へ滑るように動いていきます。指ではじかないようにしてください。

次のような動きを繰り返し練習してください。大きな腕の動きと共に、手が弦の領域（重さの領域）に近づき、指でいくつかの弦を響かせます。そのままとどまることなく手は軽さの領域へと向かい、また始めの動きへと向かいます。さらに続けて響かせる音を四つから三つ、二つと音を少なくし、最後に一つの音にします。そして、呼吸する空間の広がりを失うことなく動きを次第に一つの点に集めてください（音を鳴らしたあと、指は隣の高い音の弦で止まるので、隣のこの弦の場所が全体の動きの中で一番密度の高い点になります）。

まず、大きな動きから練習を始め、次第に動きを小さくしていってください。この練習をすることで、ほんのわずかな動きでも、聴くことや内的に流れている響きのイメージに影響を与えるようになってきます。＜動きが内的なものに変わった＞とも言えるでしょう。

つま弾くのではなく落とす

ヒント：最初は右手の練習をし、その体験を生かして左手を練習してください。

注意　：これから先の練習を始める前に、33 ページの【注意事項 2】に目を通してください。

音、および音の組み合わせ

これから実際に楽譜を使って練習していきます。
楽譜に記載されている記号と指使いの番号の説明をします。

<音の長さの記号>

正確な音の長さを表しているものではありませんので
ご注意ください。

●＝短い音　　Ｏ＝長い音　　⌒＝休み

<指使い>　　　　　　右手　　　左手

	右手	左手
親指	1	①
人差指	2	②
中指	3	③
薬指	4	④
小指	5	⑤

（親指を使うことはほとんどありません）

練習9　二つの音の演奏：シとラ（h′ と a′）

まず、隣り合っているシとラの音を左右のそれぞれ人差指で弾いてみましょう（どの弦がどの音にあたるか
は 61 と 62 ページに記載しています）。

練習5のように、両手をライアのヘッド（ピンのある部分）から下に降ろしましょう。

左の人差指（楽譜上では②）はシの弦に、右の人差指2はラの弦に置きます。

もっとも単純なメロディの動きから始めます。まず語りかけ（声に出して、あるいは心の中で）からインス
ピレーションを得てみましょう。メロディやリズムにしやすい短い呼びかけや問いかけが適しています。

ここでは二つの曲を紹介します。

②のように○で囲ってあるのは左手の指です。

Hal-lo!　Na, so was!　Was ist denn das?
（訳）ハロー！おやおや！　それっていったい何？

自分で曲をつくってみましょう。徐々に言葉のイメージから離れ、同じぐらいの長さのメロディを作ってみましょう。子どものための短い詩をこの二音を使って曲にしてみましょう。言葉の抑揚と音の繰り返しはよく似ています。

　例：Der Tag ist vergangen,die Nacht hat angefangen.

　　　Ruhet wohl und schlafet ein,schlaft im Monden-und Sternenschein

　（訳）お日様沈んで夜が来た。

　　　　ゆっくり休んでお眠りよ。月と星の光の中で眠りなさい。

演奏してみると、それぞれの拍子が本来持っている動きの質の違いに気づくことができるかもしれません。

　　2拍子　―　短短　／　短短

　　3拍子　―　長短　／　長短

よく知られたライアの作曲家だったアロイス・キュンストラーが子どものための詩（めんどりが歌っている）に曲を付けたものを見てみましょう。

　　Fuchs,Fuchs,Hühnerdieb,ich hab meine Küken lieb!

　　Hast mir eins gestohlen,Der Jäger wird dich holen!

　（訳）キツネ キツネ　ニワトリ 泥棒　私は自分のヒヨコが大好きよ

　　　　もしも盗んでいったなら、猟師がお前を捕まえる。

キュンストラーはこのような曲を作っています。

この曲を単調で退屈な曲にならないように続けていくにはどうしたらいいでしょうか？キュンストラーがどのように続けていったかはここでは触れません。ご興味のある方はアロイス・キュンストラーの子どものための曲集『Das Brünnlein singt und saget(泉は歌い、語る)』＜ Edition Bingenheim im Verlag Freies Geisteleben 出版＞　をご覧ください。

この曲集は、小さな子どもと関わられるライア演奏者に特にお勧めしたい本です。

練習 10　次の二音：ミとレ（e′ と d′）

練習 9 で力を抜いて開いた手の人差指がシトラの弦の上を動くと、左手の薬指はミ、右手の薬指はレの弦あたりに来ているでしょう。両手の中指（まだ音は鳴らしません）は、場所を変えながらもファ♯（左手）とファ（右手）あたりに来ているでしょう。

いつもリラックスして力を抜くことを心がけてください。不必要な緊張は避けましょう。この練習を通して、親指以外の指たちが関節でつながれたとても素晴らしくよく動く三つの骨からできていて、単なる固まった棒ではないことに気づかれるでしょう。そして練習を続ける中で、全体の演奏を息づかせるために、手のひらと手の甲が透明になっていく感じがするでしょう。さらには、両手を交互に使うことで、かすかな温かさが生まれるのを感じるようになり、一つの手からもう一つの手に移るときに、より違う感じを持つようになります。

さて、練習 9 と同じ、もしくはそれに似た練習を、両手の薬指を使ってミとレの弦で行いましょう。例えば、父さんニワトリの低い声で次のように歌ってみることもできます。

練習 11　左手のための練習：シとミ（h′ と e′）

練習 9 でやった創作遊びを、シ（左の人差指）とミ（右の薬指）でもやってみましょう。

それに合う子どものための詩なども探してみてください。

ユリウス・クニーリムの例

（訳）人に長い助言をする人は、やることいつも遅れてしまう。自分ですばやく考え行動する人は、いつも得をしてしまう。

練習 12　右手のための練習：ラ（人差し指）とレ（薬指）（a′ と d′）

練習 11 と同じようにやってみましょう。

歌詞のない曲の例：このメロディに合う言葉が見つかるかもしれません。

練習 13　左右交互に弾く：シ・ラ・ミ・レ (h'a'e'd')

　片手でやった練習を今度は両手を交互に使ってシ・ラ・ミ・レを弾いてみましょう。

　二つの曲の例：一つは自由な表記、もう一つは一般的な表記法を使っています。

　自分でも作ってみましょう。

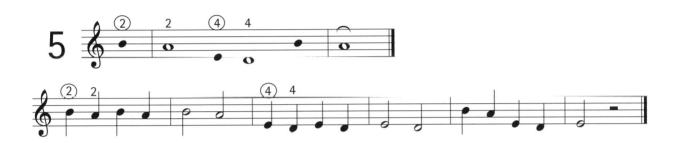

【注意事項1】

大きな動きから始め、一音いちおんのタッチを経て、練習13でライア演奏の重要な基礎に到達しました。ここからは音域がどんどん広がり、進み方も加速度的に速くなっていきます。

練習する時にはいつもこれらの基礎練習の中のいくつかに立ち戻ることで（いくつかのバリエーションも加えながら）、姿勢、動き、タッチなど、自分の楽器に慣れていってください。

なるべく時間をかけてください。そして、あまり先を急がないようにしましょう。

ここに示された練習曲を作品として演奏するように弾いてください。

自分に適した練習をそのつど見つけてください。

興味を持ちながら、自分の演奏をまるで外側から聴き入るかのようにくり返し試みましょう。

ときどき、最初の内は（指摘してくれる先生がいない場合など特に）真っ直ぐに固まった姿勢をいつもほぐすようにしてください。椅子の背にもたれてみたり、楽器を置いて歩いてみたりしてください。

演奏中はつねに後ろの空間へ耳を傾けるようにし、広がりの感覚を養ってください。

何分か練習した後でも手がまだ冷たいようであれば、練習のどれかかがまだ難しすぎて手の温かさが戻っていないか、動きの練習が短すぎて、温かさが巡っていないのかも知れません。手がまったく温まらない場合は、からだを動かしたり、歩き回ったりする練習がたくさん必要です。治療オイリュトミストか歌唱療法士あるいは呼吸療法士があなたの近所にいれば、それに必要な練習法を教えてくれるでしょう。

スウェーデンの歌手ヴァルボルグ・ヴェルベック　スヴァルツストロームは歌の生徒に「毎日どれくらい練習すればいいでしょうか？」と質問されて、「快適で心地良い感じを少し越えるぐらいがいいでしょう」と答えました。適切なアドヴァイスです。

練習14　5番目の音：ソ (g′)

練習9のように、シとラを弾いた右手の中指にソの音を付け加えましょう。次の曲では、下行する音の方が上行する音よりも弾きやすいと感じられるでしょう。上行する場合、弾き終えた指が一音上の弦で止まりますが、次の指がその弦を弾く前に、その弦から離れなければならないからです。流れるように弾けるまでなんども練習しましょう。

さて、この三音の連なりを五音の連なり（ペンタトニック）に広げましょう。

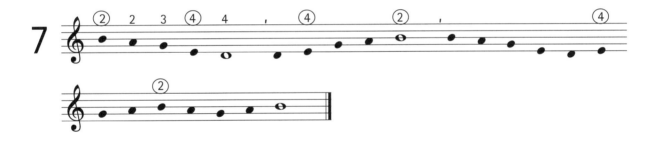

これらの音を使って短いメロディを即興で演奏をしたり、曲を作ったりしてみましょう。

練習15　右手のポジション移動

　これまでの練習曲では、それぞれの指が決まった弦を受け持っていました。この動きがある程度できるように なり、スムーズに弾けるようになったら、演奏の音域を広げることができます。左手の人差指は基本の位 置としてシの弦の上に置いておきます。

右手の準備練習：2と3の指をラとソの弦の上に置きます。右手が弦から離れ、あたかも左手の人差指の上 を飛び超えるように、ドの弦を越えて上のミとレの上に置きかえます。音を出さないでこの動きを繰り 返し、距離感をつかんでください。

　次の練習では右手はさらに高いポジションから始まります。左手でシの音を弾くときも動きの流れを止 めないようにしてください。心の中で次の音を聴くようにイメージすると、動きがスムーズになります。

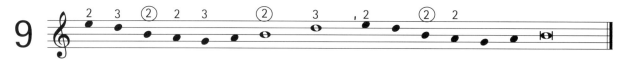

　　　　　　　　　　　　　　　　　　　　　　　＊練習目標：波が流れ、すべての音が同じ音質を持つように

練習16　2つの五度（九度）への音域の拡大

　練習15で行った音域に、さらに両手の薬指の音を付け加えると、小さな子どもたちの声域とほぼ同じ音域 になります。シュタイナー幼稚園やシュタイナー学校の低学年の子どもたちの歌の多くは普通の音階とは違 う雰囲気を持つこの音階が使われています。また、キンダーハープやコロイのペンタフルート等の新しく開 発された子どものための楽器はこの音階が使われています。

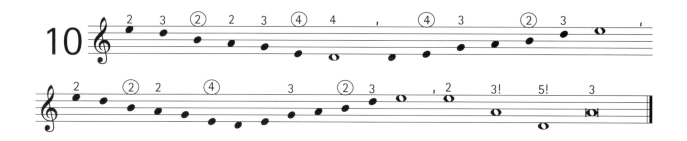

これまでの練習に使った運指法の例外として、練習10と11に「！」のマークを付けています。これについては練習17で説明しています。短い即興のメロディでこれらの音を練習しましょう。この音階に慣れるためには、単純な拍子が助けになります。

まず初めとして二つの練習を紹介します。

直線的な動き（2拍子または4拍子）（短－短－長）

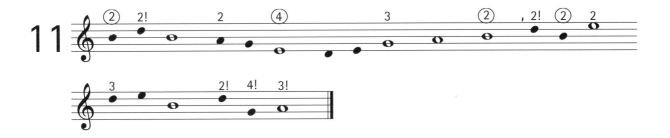

直線的ではない、より流れるような動き（3拍子もしくは6拍子）短－短－短－長

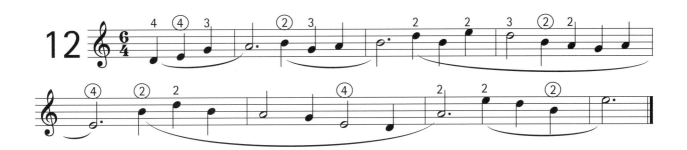

この曲をベースにして、ファンタジーにまかせることで、どんどん自由に表現ができるようになります。この音階では、楽譜がなくても、演奏の動きと内的に聴く行為を一つの音楽的な流れにもたらすことができる、限りない可能性があります。

ペンタトニック（五音）の子どもの歌を例に、ライアを演奏する上で重要な新しい指使いを習得しましょう。右手の簡単なポジション移動と練習 15 と 16 での「！」で印した例外を除き、これまでの練習では、どの指もそれぞれ決まった弦がありました。これからは指がより自由に動いていきます。

次の曲に付いている指の番号を見てください。これまで練習した指使いとの違いを確認してください。確認できたら、まずゆっくりと根気よく弾いてみましょう。指使いを変えることに注意しなければならないのでスムーズな演奏が難しいかもしれません。そのときは、メロディのそれぞれの音を 3 回ずつ繰り返し弾いてみてください。そのことで一音先を想像し、感じるための余裕と静けさが生まれます。心の中で先を聴くことを忘れないように！この曲の持つ、踊るような三拍子的な動きの躍動感を演奏に与えましょう！

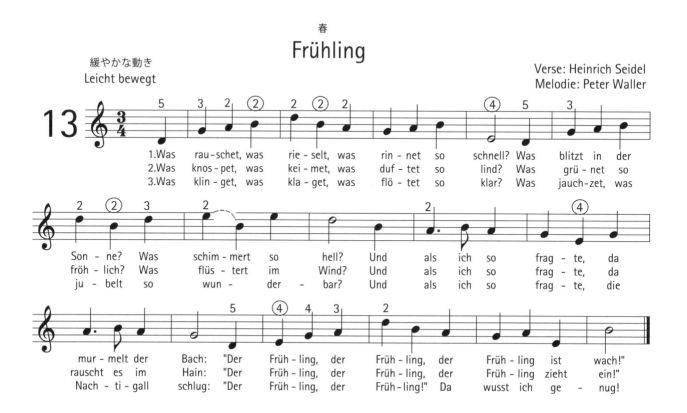

いくつかの箇所を詳しく見てみましょう。

第1音：薬指ではなく小指で「レ」を弾くと、次の「ソ」への四度の跳躍を中指で弾き、二度で続く「ラ」を人差指で弾きやすくなります。

2小節目への移行（was rie-selt）：左の人差指で「シ」の音を弾くと、次に右手の指が上へ移動する時間が取れます。この場合、上の「レ」の音を右の人差指で弾きます。次に高い音が続かず、メロディの流れが下向きへと変わるからです。このやり方は5小節目から6小節目（der Son-ne）への移行部分にも当てはまります。この場合、次にくる「レ」（was）を中指で弾くことで、次の一音上の「ミ」を人差指で弾けるようにします。

13小節と上拍（アウフタクト）を含む14小節目（Der Frühling,der Frühling）：左の薬指が「ミ」（Früh-）を弾いている間に右の薬指が「ソ」の弦に移動し、次の「ラ」と高い「レ」を弾くのに中指と人差指が使えるようにします。

（訳）

1. ザーザー、チョロチョロ、サラサラ、急がせるのは何？お日様をキラキラと反射させるのは何？明るく輝かせるのは何？
   そう問いかけると、「春だ、春だ、春がめざめたんだ」と小川がつぶやく

2. つぼみを開かせ、芽をださせ、香らせるのは何？あたりを楽しそうに緑色に変えるのは何？そよ風を吹かせるの何？
   そう問いかけると、「春だ、春だ、春が来たんだ」と林がざわめく

3. あざやかに響かせ、呼びかけ、笛を吹かせるのは何？喜ばせ、素晴らしい歓喜の声を上げさせるのは何？
   そう問いかけると「春だ、春だ、春なんだ」とナイチンゲールがさえずる。

さらに、次の曲では、メロディの方向が変わる場所で指使いを変える練習してみましょう。

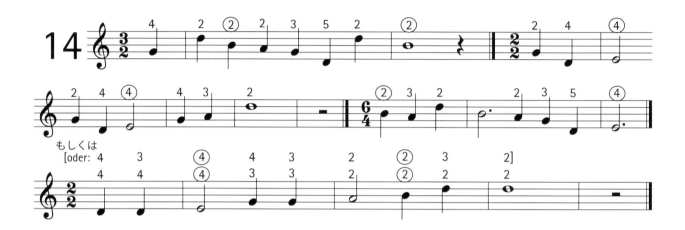

これまで練習した指使いの原則をまとめておきましょう。

●可能な限り右手と左手を交互に使ってください。
　　表側に張られた弦、つまり７つの幹音だけを弾くときは、左手で「シ」と「ミ」を弾いて下さい。
　　左手でそれ以外の幹音を弾くことは、上級者以外はお勧めできません。
●メロディが上向きに動いている場合は人差指で弾き始めません。
　　二度（隣の音）ぐらいであれば中指で充分です。
　　更に上に向かっている場合や音が跳ぶ場合は薬指か小指で始めます。
　　（左手をどれだけ使えるかにもよります）
●メロディが下行している時は、たいてい人差指で始めます。
●同じ音が続くときは、同じ指で弾くことも、他の指と交互に弾くこともできます。
●無理に指を広げるような指使いは避けましょう。
●スキップ（同じ指で次に別の音を弾くこと）は避けましょう。

ここで、もう一つ歌の曲を練習しましょう。

マーチン祭の歌
Martinslied

（訳）野原は枯れ、森の木々は葉を落とし、風は吹きすさび、大地は冷たい。

ああ、人の心よ情けあれ、飢えている友に少しばかりパンを与えよ！

練習 18　「ド」（c′）の音が新たな音として加わります

特にアイルランドとスコットランドの民謡には、ペンタトニック（五音階）と七音階（教会旋法や長調、短調）の間のものがたくさんあります。次の歌には、ペンタトニックの五音に「ド」の音が六番目の音として加わります。

ローモンド湖
Loch Lomond

Schottisches Volkslied

（訳）その美しい湖畔の、そしてその美しい水渓の辺り、ローモンド湖にまばゆい太陽の光が射すその場所。
　　　私と私が本当に愛した人が訪れたその場所。ローモンド湖の美しい、美しい湖畔。
　　　君は高い方の道を行き、僕は低い道を行き、私は君よりも先にスコットランドで待っている。
　　　しかし、私と本当に愛する人が再び会うことはない。ローモンド湖の美しい湖畔、美しい水渓で。

練習 19　七音の世界

今まで練習してきた曲に「ファ」の音を付け加えると七音の幹音（＃や♭が付かない音）ができ上がります。外的には七音の音の並びですが、音の高さ、または音階という外面上の配列以外に、五度の関わりにおける音の性格の内的秩序もまた存在します。低いほうから「ファ－ド－ソ－レ－ラ－ミ－シ」あるいは、高いほうから「シ－ミ－ラ－レ－ソ－ド－ファ」を七つの幹音の五度列と呼ぶことができるでしょう。

この音列を拡大していくと 1２の音に至り、それぞれの１２音から１２の調性が生まれます。そして、ここで五度の音律から音の円環（訳注：五度圏）が生まれます（ラ♭＝ソ＃）。
：「ラ♭－ミ♭－シ♭－ファ－ド－ソ－レ－ラ－ミ－シ－ファ＃－ド＃－ソ＃」

幹音列「シ－ミ－ラ－レ－ソ－ド－ファ」を、今までの練習と比べてみましょう。すると、ライア演奏のベースが初めの４音「シ－ミ－ラ－レ」であることがわかります。そして「ソ」の音を加えることでペンタトニック（五音階）の世界に入り、「ド」の音でヘクサトニック（六音音階）が生まれました。そして、さらに「ファ」の音を加えることで、全音階（長調、短調、教会旋法）の世界に到達しました。

次の練習ではこの過程を下の「ド」から上の「ド」のオクターブの範囲に収めました。

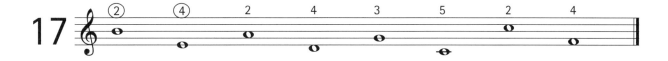

次に、上で弾いた音を高さの順に並べると、ハ長調の音階になります。

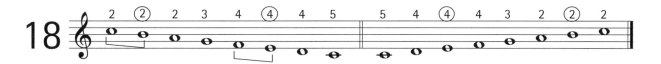

平凡になりすぎないように、音階をまず下行させました。ちなみに、下行する動きは上昇する動きよりも弾きやすいことはすでにお分かりだと思います。最初に下行練習をするのは後で上昇練習をするときにも役立つでしょう。最初のうちは左手の音と右手の音がなかなかスムーズに繋がらないものです。次の子どもの曲を練習することでスムーズに弾けるようにしましょう。

（訳）お日さま、お日さま　金色のお空の門から出ておいで！

　　　そしたら、ぼくたち橋を渡れるよ。

　　　やさしい雨さん、来年私の上から降ってきて！

　　　そしたら、ぼくは育つから、そして、とっても大きくなるからね。

大人の方は次の小さなエチュードを使っても練習できます。

【注意事項2】

ハ長調で演奏するときは、ペンタトニックよりも音を聴いたり感じたりすることが難しいと感じられるかもしれません。それは音階がよりしっかりしていること、音程がせまいこと（「ミとファ」「シとド」の半音進行）からきています。それで、練習するときには動きの練習、タッチ練習、それにペンタトニックの音域練習から始めてください。そうすれば演奏の幅が広がり、滑らかで響きも豊かになります。

ここでは演奏を滑らかにするための練習をいくつか紹介します。練習8でやったことが役に立ちます。初めから順序通りに弾くのではなく、これらの練習の中からいくつかを選んで練習してみてください。

練習1

　　a) 右手の人差指で一番高い音から下行します。それぞれの音を弾くときに、自分の方に向けて小さな弧を描き、軽さと重さを感じてください。全体としてまとまった流れが生まれるように練習してください。

　　b) 同じ音を人差指と中指を交互に使って弾いてください。

　　c) 人差指、中指、薬指を交互に使って弾いてみましょう。

練習 II

右手の体験を生かして、左手でも練習しましょう。裏側の弦が 2 本と 3 本にまとまっているので、指使いが決まります。

2 本まとまりの弦：人差指と中指
3 本まとまりの弦：人差指、中指、薬指

大型ソプラノライア   大型アルトライア

同じ音の並びをフラットを使って表記しました。

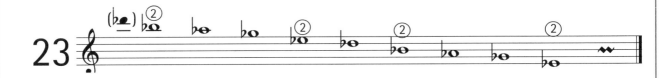

練習 III

特に魅力的で、聴いていても楽しいのは全音音階で演奏することです。右手と左手の音が同じ響きになるまで、時間をかけて練習してください。

手のポジションを移動しないで1オクターブの範囲を弾けるようになったら、少しずつ音域を広げ、ライアの全音域にまで広げてください。

例えば次のように：

↓この小節だけソプラノライアのみ

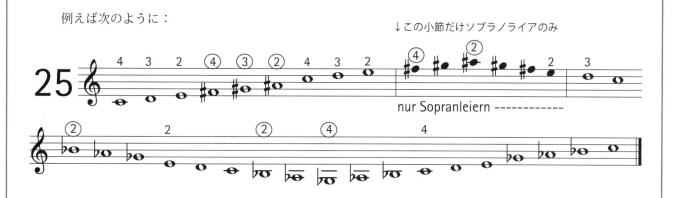

練習 20　ハ長調の歌の曲

さて、またハ長調の世界に戻りましょう。次の小さなイギリスのカノンは、白鳥が優雅に滑るように泳ぐ様子がメロディにもリズムにも素晴らしく表現されていて、時代を問わず人気の高い曲です。その上、構成がはっきりとして見通しやすいので、すぐに暗記できます。とてもおすすめの曲です。

（訳）白鳥は颯爽と泳いでいく

また、次の歌は、1オクターブ内の音が使われていますので、これで音階を弾く指使いを確実なものにしてください。

（訳）私が野生の鷹なら、高く飛び上がり、遠いはるかかなたの私の父の家に行くのだが

さらに次の曲は、ハ長調の三和音だけがメロディに使われているので、カノンで弾くこともできます。

カノン
Kanon

Im Dom, im Dom, zu Köln, zu Köln, da klin-gen die Glo-cken so hell, so hell!

（訳）大聖堂、大聖堂、ケルン、ケルンのその中で、鐘が明るく、明るく響いてる！

ハ長調の三和音
C-Dur-Dreiklang

練習 21　ト長調

ハ長調で練習した指使いは、他のいくつかの調性にも応用できます。もう一度ハ長調の音階から始めて、さらに両手を5音上の新しい基本位置に持っていきましょう。右手の小指は「ソ」、左手の薬指は三音目の「シ」、人差指は七音目の「ファ♯」を弾きます。これまで左手で弾いていた「ミ」の音はここでは右手の人差指で弾きます。ト音記号の下の（8）は、アルトライアでは1オクターブ低く、という意味です。

練習26〜28までをト長調に移調してみましょう。可能な限り耳と記憶を頼りに弾いてみましょう。もしそれが無理ならば、楽譜をト長調に書き直してみましょう。音階の7番目の音は「ファ♯」になります。音はすべて五度上げます。アルトライアの場合は四度下げます。

次の歌の曲では、音階の指使いが変わるところがあります。

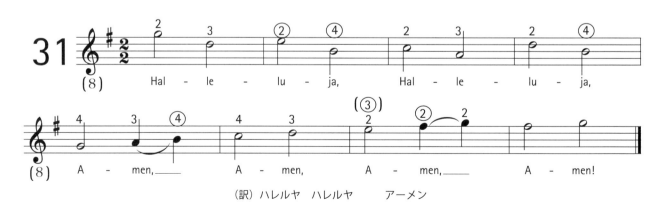

（訳）ハレルヤ　ハレルヤ　　アーメン

次の春の歌では臨機応変さがより必要となり、同じ音が続く時に指使いを変える練習にもなります。

春
Der Lenz

Altes Reigenlied

Nun will der Lenz uns grü – ßen, von Mit – tag weht es lau,
aus al – len E – cken sprie – ßen die Blu – men rot und blau;

draus wob die brau – ne Hei – de sich ein Ge – wand gar___ fein

und lädt im Fest – tags – klei – de zum Mai – en – tan – ze ein.

（訳）昼下がりの暖かい風と、一面の赤や青の花々と一緒に春が呼んでいる。茶色だった野原も素敵に装う。
　　　祭りの服に着飾り５月の踊りに来るように私たちを誘ってる。

ライアで歌の曲を弾く練習をする時は、まず声を出して歌ってみて、それから声を出さずに心で歌うこと、
つまり先を聴くこと、を十分にやってください。そうすれば、メロディに上手くメリハリをつけられるよう
になります。

また一度、ライアを脇に置いて、片手あるいは両手でメロディの高低の動きを追いながら表現することは、
その歌の特徴をつかむ助けとなります。

さらに、作曲者が歌詞をどのように扱ったかがわかってきます。言葉のアクセントと言葉の抑揚が音の動きの中にどのくらい反映されているか、どこに歌詞の内容がイメージ化されているか、などです。例えば次の歌では、音階全体が下行していくメリスマの動きが「Tal（谷）」という歌詞のところに使われています。

明けの明星
Der Morgenstern

Michael Pretorius
(1571-1621)

（訳）明けの明星が昇り、明るい輝きで山の上や深い谷を照らしている。喜びにあふれ、優しいナイチンゲールが歌う

この歌はとても生き生きとしたリズムを持っています。もし、この曲がまだ難しいようでしたら、後回しにしてかまいません。この曲を歌いながら歩いてみると、拍子がはっきりしないことがわかります。それと比べるために誰でも知っている歌「ちょうちょう」を歩いてみると、歌詞が拍子にしっかりはまり込んでいるのが分かります。例.32の「Nun will der Lenz uns grüßen　（さあ、春が呼んでいる）」の歌をこのやり方で試してみると、拍子の動き（足）とメロディの流れる力（呼吸）が素晴らしいバランス関係にあることがわかります。

練習 22　一つの練習法＜成長する練習＞

子どもの時にどうやって文字が読めるようになったか、を思い出してみてください。個々の文字が一つの言葉に、そして文章全体を把握して読めるようになるまで、どれくらいの時間がかかったことでしょう？それでは、音楽ではどうだったでしょうか？楽譜を使わず耳で聴いて覚えるときは、頭を使わなくても歌うことができます。

しかし、楽器演奏の場合、初心者は一つ一つの音に固執してしまいがちです。楽譜を見て演奏すると、一字いちじ苦労して文字を読むようなことになってしまいます。そこで助けになるのがこの「成長するメロディ」、もしくはよく知られたこどもの遊び（カバンに詰める）の練習方法です。

まず下行する音階で1音から2音、3音と増やしていきましょう。最初の音を弾く時に、それに続くひとまとまりのメロディを心にはっきりと描くことが大切です。音符の長さの表記はかえって妨げになります。自由に流れるように弾いてください！

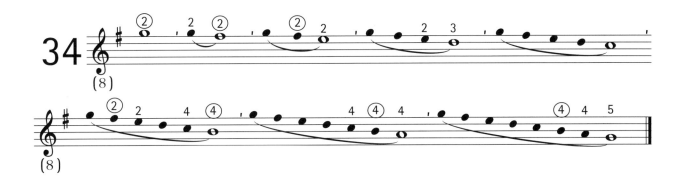

このやり方で歌のメロディのそれぞれのまとまりに流れをもたらせてください。

例えば「Nun will der Lenz uns grüßen」の冒頭を次のように練習します。

練習 23　ト長調の三和音

　歌「Im Dom, im Dom」（練習 20、曲 28）とハ長調の三和音（曲 29）を思い出してみてください。これを練習した時の指使い（主音 5、三度の音④、五度の音 3、オクターブの音 2）をそのままト長調に移調してください。

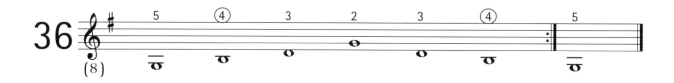

　最初は全体が大きな流れとしてつながるまで、それぞれの音を数回ずつ繰り返しながら演奏してください。音域を 2 オクターブに広げる時は先程の成長する練習（練習 22）が特に助けとなるでしょう。入念に組み立て、忍耐強く練習しましょう。予備練習として、まず左手で弾く音だけを練習しましょう。手首を柔らかく保つように気を付けてください。それが終わったら、両手で曲全体を＜成長する練習＞にしてみましょう。

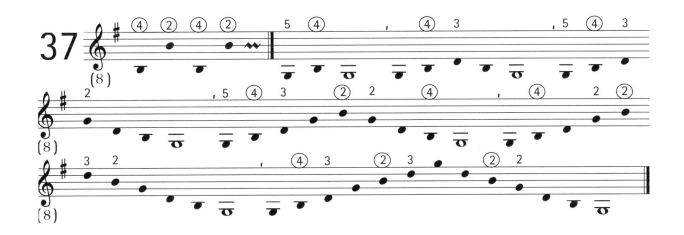

練習 24　♯の付いた他の調

　ハ長調とト長調で使った指使いは、それによく似た調にもそのまま使えます。いつも 3 音目と 7 音目を左手で弾きます。第 7 音でその調の新しい調号（♯）が付くことに注意してください。三和音を弾くときは、いつも三度の音を左で弾きます。

ニ長調

D-Dur

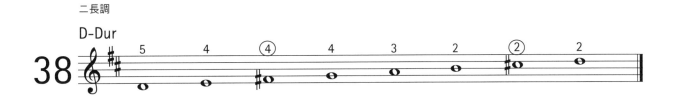

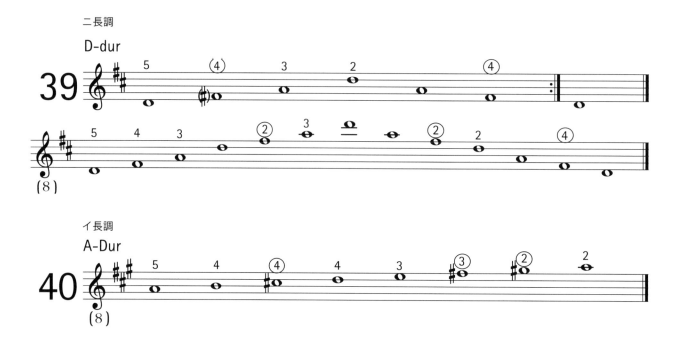

ここで、基本の指使いに初めて変更が加えられます。音階の6音目（ファ♯）は裏側に張ってある弦なので、左手の中指で弾きます。

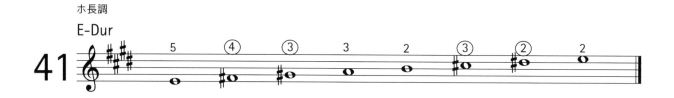

♯が4つ付くとまた一つ左手で弾く音（音階の2音目、ファ♯）が増えます。

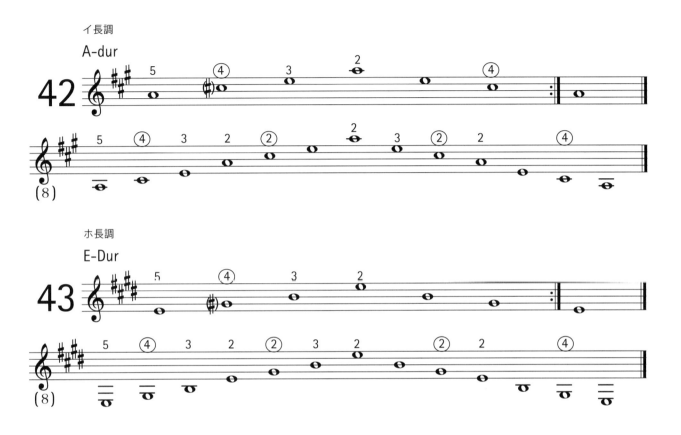

この曲が難しすぎるようでしたら、また戻ってハ長調とト長調の三和音を練習しましょう。

後ろの方のページに、この新しい調での練習曲が掲載されています。ハ長調とト長調の練習曲や歌の曲を♯のついた新しい調に移調して練習するときには、耳を頼りに楽譜なしで弾いたり、楽譜を書き直してそれに適する指使いを書き込んだりして練習してみてください。民謡や子どもの歌の中にも適した練習曲がたくさんあります。さらに進んでいくための編曲作品や、ライアのためのオリジナル作品は付録に紹介されています。経験豊かなライア奏者であれば選曲について助言してくれるでしょう。

練習 25　ヘ長調

今度は、ハ長調から五度圏の反対方向にある♭の付いた調、ヘ長調を見てみましょう。
ここでは、今までと違った基本の指使いが必要です。

へ長調の音階
F-Dur-Tonleiter

へ長調の三和音
F-Dur-Dreiklang

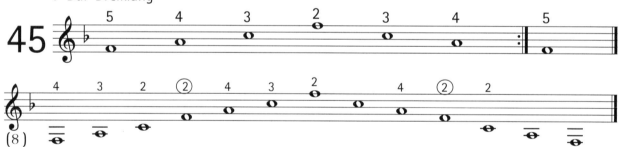

　1オクターブの範囲であれは、三和音の全てを右手で弾くことができます。2オクターブでは、真ん中の「ファ」を左の人差指で弾きます。慣れない感じですが、これまで練習してきたことで、そんなに難しくはないでしょう。

もう一つ、ヘ長調のイントラーダ（前奏曲）をあげておきましょう。

前奏曲
Intrada

Melchior Franck
(1573–1639)

練習 26　短調

これまでの指使いの基本をマスターしていれば、次の短調の音階（自然的短音階）は難しくないでしょう。
a-moll（イ短調）、d-moll（ニ短調）、g-moll（ト短調）e-moll（ホ短調）、h-mol（ロ短調）

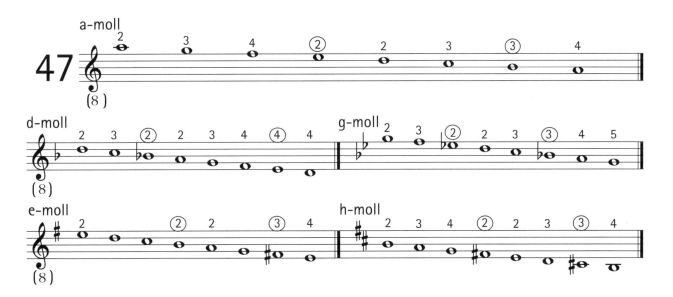

ここではいくつかの練習曲だけにします。旋律的短音階、和声的短音階の曲は提示しません。
音楽の理論もここでは述べません。それに関しての本は楽器店などでお求めください。

短調の三和音は、弾きやすいものと、そうでないものがあります。

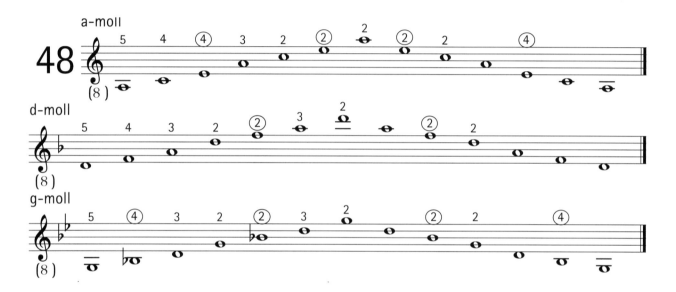

いろんな指使いを試してみましょう

e-moll (viele Fingersätze möglich; ausprobieren!)

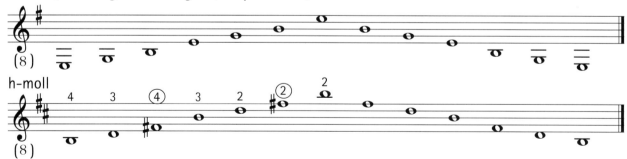

48

練習 27　教会旋法（Modale Skalen）

調号（♯と♭）を使うことなく、「シ」の音以外の幹音を主音（音階の最初の音）とした 7 つの幹音だけで音階を構成することができます。音程が半音上がる場所がそれぞれの主音の音階で違ってくるので、全く異なった性質の音階ができます。とても興味深い分野ですが、ここではそのうちの一つだけを体験してみましょう。「レ」の音を主音としたドリア旋法と呼ばれる音階です。

西洋の古い民謡の多くは教会旋法でできています。例えば、次のイギリスの民謡です。

スカボロ フェア
Scarborough Fair

（訳）もしあなたがスカボロフェアに行ったなら　―パセリ、ローズマリー、タイム―
　　　　そこに住んでいた私を思い出してください。　彼女は本当に私を愛していた。

三段目の2小節目と5小節目の「ド」の音の残音が次の「レ」（この歌の主音にあたる音）を弾いたときに邪魔になると感じませんか？　そこで、この「ド」の音を消しましょう。つまり、「レ」を薬指で弾いて、その後すぐに小指でもう一度「ド」の弦をさわって消します。少し練習すれば、弾く動きと消す動きを同時にできるようになるでしょう。

練習28　その他の練習曲

次に続くページに記載された小曲やメロディは順番通りに弾かなくてもかまいません。これらの曲を練習する中で、今まで練習した調に慣れ、それぞれの状況に応じた様々な演奏テクニックを習得できるようになります。まずあなたが特に弾きやすい曲を選んでください。これらの作品のほとんどは個々の音を消音しなくてもいい曲が選ばれています。

ト音記号だけが付いた曲は、アルトライアでもそのままの高さで弾くほうがよく響きます。ト音記号の下に (8) がついている曲は、アルトライアの場合1オクターブ低く弾いてください。

家を出たときに
As I went out

Aus Somerset

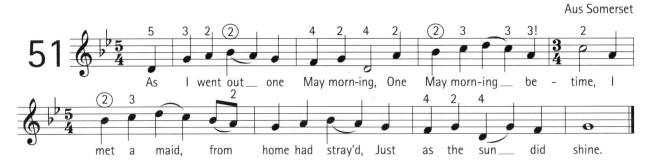

（訳）ある五月の朝、五月の朝、私が出かけた時に、家から出てきた若い女性に出会った。
　　　ちょうどお日様が差しかけたその時に。

カノン
Kanon

G. B.

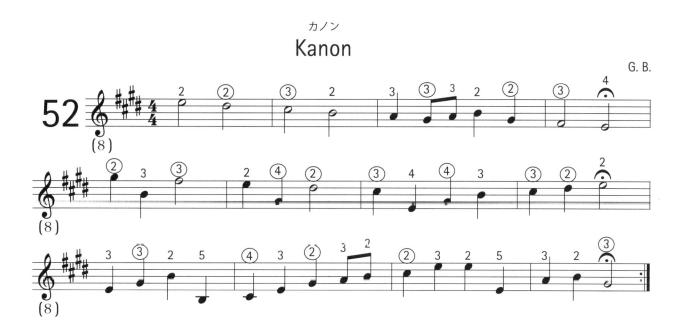

子どもの小曲
Kinderstückchen

Daniel Gottlob Türk
(1750-1813)

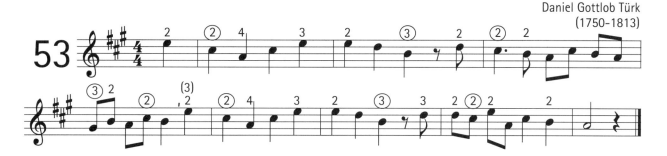

小さなエチュード

Kleine Etüde

G. B.

とても静かに
Sehr ruhig

メヌエット

Menuett

Christian Gottlob Neefe
(1748-1798)

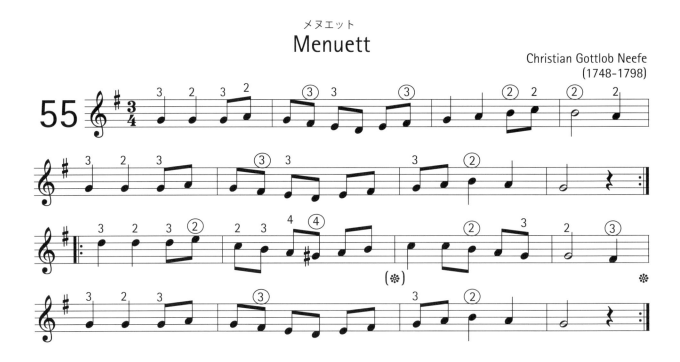

Moll-Übung

Wolfgang Friebe

※　消音する

(※)　消音するかしないかは自分の判断で

最後にこの本のために書かれた音の種類に関係のない曲を紹介します。

ライアが語っていること
Was die Leier erzählt

Christian Giersch

♫ 音を消音する。休符および′についた＊は全体の消音、
＊ 音符についている＊はその音だけを次の音の始まる前
　 に消音するという意味

 音を鳴らし続ける

おわりに

すでに「はじめに」でも述べましたように、この小冊子は先生のもとで定期的にレッスンを受けられない初心者の助けになるように書かれています。基礎として必要な練習と導入のための手ほどきに限定しているので、多声の演奏、消音のための段階的練習、即興練習、合奏など、その他の多くのことを断念しなければなりませんでした。さらに導いてくれるものとして、スザンネ・ハインツやマルティン・トビアスセンのライア教則本があります。(注：付録参照)

さらに一言

この練習曲集をわかりやすく書くために、大いに尽力を注ぎました。もしそれでも不明瞭な点や上手く表現できていない箇所、練習中にわからなかった所などが見つかった場合、また今後の改定のためのよい思いつきなどありましたら、ぜひ私にご一報ください。

ゲルハルト・バイルハルツ

E-Mail: info@edition-zwischentoene.de

大型ソプラノライアの音域

Stimmumfang Große Sopranleier

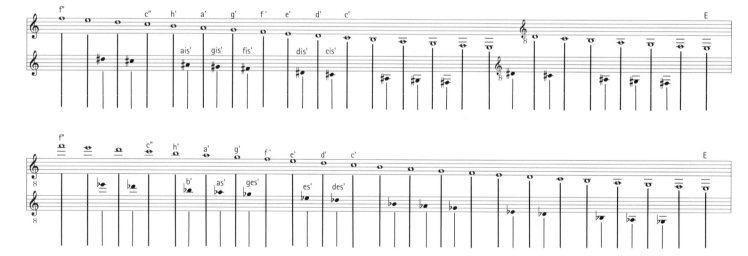

大型アルトライアの音域（二種類の表記）

Stimmumfang Große Altleier (zwei Arten der Notation)

付記

≪ライアの種類と音域≫

約80年の発展を経た今日、世界中に様々なモデルのライアが存在します。これらを全て網羅して紹介することは残念ながらできません。一般的に良く演奏される大人用のタイプは以下のものです。

■大型ソプラノライア： 音域 d''' (レ) → e (ミ)
■ソロソプラノライア（ソロライア）：音域 d''' (レ) → c (ド)

■大型アルトライア： 音域 f'' (ファ) → E (ミ)
■ソロアルトライア： 音域 a'' (ラ) → E (ミ)
■テナーアルトライア： 音域 f'' (ファ) → C (ド)

（音域はそれぞれのモデルによってわずかに異なることがあります）

子ども用（生徒用）の楽器
■小型ソプラノライア： 音域 a'' (ラ) → g (ソ)

たまに、コンサートライア（e''' ミ→ H シ）、ディスカントライア（c''' ド→ g ソ）やバスライア（最低音コントラ A ラ）などを見かけることがあります。

独奏には大型ソプラノライア、ソロソプラノライア、コンサートライア、大型アルトライア、ソロアルトライア、などが特に適しています。

鍵盤楽器のための作品の中には、ソプラノとアルトのライアの二重奏に適している曲があります。

≪音符の表記≫

弦の位置と音名は巻末参照

相対的な音の長さ：　●＝短い音　　　○＝長い音　　　⌒＝休み

ソプラノライア　　：ト音記号で記された全ての音をそのままの高さで弾くことができます。

アルトライア　　　：アルトライアの場合は少し複雑です。音域が上の f” まであるので、たいていの歌のメロ
　　　　　　　　　ディは原曲の音域で弾くことができます。この場合はト音記号で書かれます。ライアの
　　　　　　　　　ために作曲された作品は、たいていアルトライアの音の高さより１オクターブ高く、ト
　　　　　　　　　音記号の下に (8) と書かれていますので、書かれた音よりも１オクターブ低く弾くこと
　　　　　　　　　になります。さらに、ト音記号とヘ音記号を途中で変えている楽譜もあります。

≪指使い≫

一般には、次の番号が使われています。

	右手	左手
親指	1	①
人差指	2	②
中指	3	③
薬指	4	④
小指	5	⑤

（親指を使うことはほとんどありません）

≪ライアの取り扱いについて≫

この楽器をケースから出したままにしないでください。なるべく部屋の温度を一定に保ち、すきま風や直射日光に当たらないように気をつけてください。また、エアコンや暖房器具のそばには置かないでください。

演奏の頻度、手の汗のかき方に応じて２年から５年に一度は弦を新しく張り替えて下さい。スチール弦 (単線)

よりも、巻線（細い線をコイル状に巻きつけた太い弦）の方が劣化し易く、澄んだきれいな音がしなくなります。練習の後、いつも弦用クロスやクリーニングブラシ、柔らかい布などで弦を拭くことで弦を長持ちさせることができます。

弦が切れてしまった場合はライア工房や販売店で弦を買い求めて下さい。買う時はライアのメーカー、ライアの種類、弦の音、例えば「ラ」とか「ファ＃」とそして、高い音から半音も含めて何番目か、を正確に告げて下さい。

弦の張り方は慣れている人に教えてもらうのが一番です。

≪調弦≫

あなたのライアは、ライア製作者によって、a＝440ヘルツか、a＝432ヘルツに調弦されています。よく弾き込んで手入れされているライアなら、ヴァイオリンほど音は狂いません。しかし、ピアノのように何ヶ月も音が狂わないわけでもありません。狂う早さと程度は（温度差など外的条件を別として）ライアの構造によります。数週間弾き込んだライアなら、1週間に一度の調弦でだいたいは充分です。

調弦方法
1．音叉を使って、まずa（ラ）の音を合わせて、五度と四度の進行でこの楽器を平均律に（あるいは必要に応じて他の調性に）調弦することが理想です。しかし、私の経験上、初心者にはこの調弦方法は難しすぎるので、ここでは詳しくは述べません。
2．ピアノを使って一音ずつ音を合わせていく方法。
3．調弦器（チューナー）を使って調弦する方法。調弦器は楽器店で購入することができます。

（432Hzが調音できないチューナーもありますのでご注意ください）

重要！
―　良い調弦キーを使ってください。八角に穴の開いている「星鍵」の調弦キーを使うことがベストです。

- 調弦キーを弦の巻いてあるピンにしっかり差し込んでください。
- 忍耐力をもつこと。
- 片方の手で調弦キーを持ち、もう一方の手で弦を弾いて音を出してください。
- 調弦キーは手首も使ってほんのわずかに回してください。
- 弦が響いている間のみ、調弦キーを回してください。
- 高い音のほうへ調弦する場合は慎重に注意しながら行ってください。
- 高い音を合わせる時は特に注意してください。目的の音から少しでも音が高くなるとすぐに切れてしまいます。
- 調弦のコツをつかむまで、張力の変化に対して音の変化の少ない低音弦で練習してください。
- 最初、要領が全くつかめないようなら、経験のあるライア奏者にやり方を教えてもらってください。

≪更に上達するための曲集≫（ドイツでの情報）

ライアのために作曲された楽譜や、ライアのために様々な編成（二重奏、三重奏、四重奏など）に編曲された楽譜などが、ドイツでは数多く手に入ります。書店では Edition Bingenheim im VerlagFreies Geistesleben,Stuttgart と Verlag ch.Mollmann,Borchen のものが手に入りますし、出版社に直接注文できます。Stichting Wega の出版物や JohnBilling の楽譜はインターネットを通して、Martin Tobiassen の楽譜は edition Zwischentone で手に入ります。

≪初心者におすすめの曲集≫

- Alois Künstler: Das Brünnlein singt und saget.Kinderlieder：Edition Bingenheim
  『泉は歌い、語る、童謡集』
- Julius Knierim：Spielbuch 1 für Leier：Edition Bingenheim (ISBN3-89138-0 51-8)
  『演奏曲集１』
  ルネッサンスからウィーン古典派までの簡単な曲を、主に二重奏として編曲された良質の作品選集です。この中の曲の多くは一人で弾くこともできます。
- Christan Giersch:21 Volkslieder：Edition zwischentöne

『21 の民謡』

　ライアを使ったオリジナルの簡単な伴奏がついています。

・Esther Schwedeler：Leier-Album：Edition Bingenheim (ISBN3-7725-1373-5)

　『ライア - アルバム』

　四世紀にわたる演奏曲と、編集者が自ら作曲した若干のエチュードが編集されています。

≪更に上達するための教則本≫

・Susanne Heinz: Einführung in das Leierspiel：edition zwischentöne (ISBN 978-3-937518-31-2)

　スザンネ・ハインツ著　泉本信子／訳／編　ライアー演奏の入門　音楽の友社

・Gerhard Beilharz：Klangwege–Hörbilder：edition zwischentöne

　『音のひろがりイメージの響きあい』

　二人の著名なライア奏者が書き下ろしたライアのための練習曲集。

　ドイツ語 英語 日本語で書かれ、ライアの演奏を楽しみながら上達するための本です。

　　＊ペロルで入手可能

・John Billing:Beide Hände an der Leier：インターネットから購入可能

　『ライアの両手』

　右手と左手の交互演奏をするためのすぐれた構成を持つ練習曲集です。

　ライアのために書かれたもので、簡単で、ライアにうってつけな民謡伴奏集です。

・Martin Tobiassen: Die unendliche Spur,Eine Schulung mit der Leier: Martin Tobiassen（自費出版）

　『無限の軌跡、ライアの練習』

≪関連する住所≫

ライアの先生、ライアグループ、コンサート、ワークショップやセミナー、などに関してはライアー響会に
お問い合わせ下さい。またライアに関してはペロルまでお問い合わせください。

【ライアー響会】

Tel & Fax：042-469-8422

http://leier.web.infoseek.co.jp　　E-mail：Leierkyokai@aol.com

【ペロル・ザーレムライア日本代理店】

〒 814-0031 福岡市早良区南庄 6 丁目 21-25-1F-A

Tel.092-844-8164　Fax.092-844-8174

shop@perol.jp　　　www.perol.jp

＊この本に関するお問い合わせは上記ペロルへご連絡ください。
　また、ペロルではライアの販売、修理なども承っております。

著者の経歴

ゲルハルト・バイルハルツ Gerhard Beilharz：ライアー指導者、音楽教育家

1953 年	ドイツのシュヴァルツヴァルト地方・バイヤースブロンに生まれる
	音楽学、民俗学、心理学を学んだ後、自由音楽学校にて芸術教育学、療法学を学ぶ
1979 - 1990 年	ヘプシスアウのミヒャエルスホーフの音楽家として活動
1990 - 2001 年	ゲッピンゲンのシュタイナー学校で音楽を教えながら種々の養成所や国外のゼミナール
	で指導に当たる
2004 年	ツヴィシェントーネ出版社を創立

主な著書
・五度の雰囲気と子どもの歌（1997）
・音楽による教育と治療（1998）
・教育と療法における音楽（2004）
・コロイのペンタトニックフルートの練習法：クリスティアネ・クンプフとの共著
（ツヴィシェントーネ出版　2005）

・音のひろがり―イメージの響きあい：クリスチャン・ギールシュ、マーティン・トビアッセンとの共著
（ツヴィシェントーネ出版　2006）

・キンダーハープを弾こう：メチルド・ライアーとの共著
（ツヴィシェントーネ出版　2009：イザラ書房　2021 刊行予定）

ライアの楽譜
・Leier beispiel 1（ビンゲンハイム出版　1982）
・Leier beispiel 2（ビンゲンハイム出版　1986）
その他、様々な出版物への寄稿

改訂版・初心者のためのライア教則本
― ライアへの道 ―
Ein Weg zur Leier

発行日   2007 年 6 月 14 日   初版発行
          2020 年 11 月 11 日   改訂版第 1 刷発行

著 者   ゲルハルト・バイルハルツ Gerhard Beilharz
編 訳   井手芳弘
監 修   泉本信子、田原眞樹子
装 丁   赤羽なつみ
発行者   村上京子
発行所   株式会社イザラ書房
          〒 369-0305   埼玉県児玉郡上里町神保原町 569 番地
          Tel. 0495-33-9216 Fax. 047-751-9226
          mail@izara.co.jp   http://www.izara.co.jp
印刷所   株式会社 シナノパブリッシングプレス

Printed in Japan 2020 ⓒ Izara Shobo
ISBN：978-4-7565-0149-3   C1073